SOMMARIO

INTRODUZIONE

La componente fondamentale di un investitore di successo è costituita innanzitutto dalla mentalità e dalla positività nello svolgere il proprio lavoro nel migliore dei modi concentrandosi esclusivamente sui propri obiettivi.

Gli investimenti immobiliari rappresentano una forma di investimento molto valida se si vuole generare una rendita nel tempo cercando di raggiungere la libertà finanziaria.

Investire in questo fantastico mercato non significa acquistare un immobile per andarci a vivere pagando regolarmente le rate del mutuo ma è un'attività di compravendita continua che offre la possibilità di impiegare poco tempo generando un flusso di entrata considerevole.

Bisogna essere molto competenti in questo settore in quanto le insidie e gli imprevisti che possono sorgere devono trovare una soluzione tale da essere risolti in modo rapido e definitivo.

In questo libro vengono riportate le migliori tecniche per iniziare ad investire in modo proficuo soprattutto nel breve termine utilizzando tutte le strategie necessarie per avere il massimo profitto e gestire al meglio i rischi nella gestione della compravendita immobiliare.

Per investire in immobili non è necessario possedere

tutto il capitale di cui si necessita ma è utile appoggiarsi ai partner finanziari che propongono le migliori condizioni ed inoltre è possibile anche effettuare operazioni di compravendita seguendo dei precisi metodi che permettono di esporsi sul mercato utilizzando una minima parte del proprio denaro.

Buona lettura !

CAPITOLO 1 :

IL MINDSET GIUSTO PER INVESTIRE IN IMMOBILI

Il mondo degli investimenti immobiliari è molto complesso e occorre approcciarsi con la giusta mentalità altrimenti non si otterranno mai i risultati sperati e soprattutto si rischia di perdere i soldi investiti.

Innanzitutto si parte dal presupposto che è veramente importante gestire in modo corretto le nostre finanze perché un eventuale successo o fallimento sarà solamente il frutto di tutte le azioni che saranno state compiute.

Molta gente, ad un certo punto della vita, sente l'esigenza di provare a cambiare il proprio destino e nutre il bisogno di voler raggiungere determinati risultati; per iniziare questo cammino non basta semplicemente pensare ma si deve agire correggendo alcuni aspetti della propria mentalità e della persona stessa.

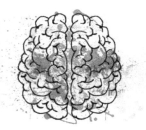

Il primo elemento da trasformare radicalmente è

rappresentato dalle credenze limitanti che nascono sia dalle nostre esperienze vissute ma anche dai membri della nostra famiglia.

Inoltre bisogna cambiare molte opinioni errate che si hanno sulle persone di successo poiché la maggior parte ha costruito tutto da solo e la caratteristica principale che accomuna tutti loro è avere una mentalità vincente basata sul trovare sempre una soluzione e mai concentrarsi solamente sul problema.

Quindi è necessario modificare la nostra identità e focalizzarsi sugli aspetti che si possono rivelare estremamente potenzianti per raggiungere gli obiettivi prefissati.

Trasformando radicalmente le nostre convinzioni arrivando ad essere una persona che non si pensava di poter diventare, saremo capaci di intraprendere delle azioni mirate al raggiungimento di qualsiasi risultato che vogliamo ottenere nel lavoro ma anche nella vita.

CAPITOLO 2 :

LA CASA DI PROPRIETA'
RAPPRESENTA UNA PASSIVITA'

Un immobile viene definito un buon investimento solo se viene visto come un bene da poter rivendere per ottenere una plusvalenza.

Nel momento in cui si decide di acquistare una casa per andarci a vivere, magari insieme alla propria famiglia, dobbiamo comprendere che rappresenta una passività perché non solo l'immobile stesso avrà un costo elevato ma bisognerà pensare a tutta una serie di fattori che costituiranno un continuo esborso di denaro come ad esempio la manutenzione, i costi inerenti il riscaldamento e le varie tasse che lo Stato impone di pagare periodicamente.

Se la casa viene acquistata solamente per essere ripagata nel tempo, ovviamente, non può rappresentare un'attività ovvero un qualcosa che può generare delle entrate ma sarà semplicemente una passività in quanto si dovrà sborsare sempre del denaro; quindi acquistare una casa per andarci a vivere significa comprare un debito.

In questo modo non si avrà la possibilità di poter ottenere un ulteriore mutuo per un'eventuale compravendita di una casa ed utilizzare queste finanze per generare nuove attività.

Certamente non voglio dire che acquistare un immobile per andarci a vivere sia totalmente sbagliato ma se opterai per questa scelta dovrai essere consapevole che a livello finanziario è una valutazione errata.

In Italia c'è molta diffidenza verso questo tipo di scelta perché la nostra cultura è orientata principalmente dal possedere una casa anche se si dovranno pagare le rate per molto tempo.

Infine bisogna tener presente che finché una persona non avrà terminato il pagamento dell'intero mutuo, l'immobile non sarà mai di sua proprietà in quanto esisterà sempre un debito nei confronti dell'istituto finanziario.

CAPITOLO 3 :

LA REGOLA PRINCIPALE
DELL'INVESTIMENTO IMMOBILIARE

Tutti coloro che hanno successo investendo in immobili seguono una regola fondamentale ovvero che un affare è compiuto sempre e solo quando un immobile viene acquistato e non nel momento in cui lo stesso si rivende.

Seguendo questo importante principio non importa l'ubicazione, quante persone vivono in una determinata zona della città oppure se ci troviamo in un periodo di crisi o di crescita del mercato immobiliare visto che un eventuale prezzo di vendita potrà essere gestito nel migliore dei modi; in ogni caso se l'acquisto verrà effettuato seguendo questa regola ottenendo, quindi, un margine cospicuo di rivendita, possiamo essere sicuri che l'operazione terminerà sempre con un profitto a nostro favore.

Naturalmente quando si decide di effettuare un investimento immobiliare bisogna tenere in considerazione vari aspetti come il prezzo di acquisto e di vendita del potenziale immobile, il profitto che andremo a generare, gli eventuali fondi che ci serviranno per poter finanziare l'investimento, tutti gli oneri che dovremo pagare in seguito all'acquisizione ed una stima temporale per l'alienazione dell'immobile.

Un altro mito da sfatare è rappresentato dal fatto che nei periodi di crisi non si vendono immobili perché soprattutto in questo intervallo di tempo, gli investitori più bravi, effettuano molti acquisti in quanto hanno la possibilità di portare a termine molte operazioni con uno sconto veramente alto e rivenderli con un prezzo che gli permetterà di generare comunque un profitto veramente elevato.

Ovviamente non è semplice trovare questo genere di affari ma seguendo le giuste strategie che verranno di seguito descritte, chiunque potrà acquistare un immobile con un forte sconto; occorre avere la mentalità giusta, visionare molti immobili e capire quando è il momento di fare le offerte agli acquirenti per la cessione della proprietà.

CAPITOLO 4 :

IMPARARE A RICONOSCERE UN AFFARE IMMOBILIARE

Un ottimo affare non è facile da trovare perché si devono visionare tanti immobili, bisogna avere pazienza ed adoperare l'impegno necessario in modo tale da ottenere un ottimo risultato e, di conseguenza, la libertà finanziaria.

La compravendita di un immobile è un processo che richiede molte competenze a livello psicologico, legale, tecnico, di contrattazione e di vendita.

È molto importante aggiornarsi sempre sulle continue evoluzioni della legge e del settore in cui si opera dal momento che è necessario essere molto esperti nel mercato di riferimento.

I prezzi al metro quadro cambiano spesso e non possiamo essere impreparati se vogliamo ambire a diventare una persona di successo; inizialmente è conveniente investire nelle zone di competenza poiché, se dovesse sorgere un problema relativo ad un immobile, abbiamo la possibilità di raggiungere il luogo in un tempo molto breve ed inoltre assumeremo maggiore conoscenza del mercato intorno a noi e di tutte le dinamiche che lo regolano.

Le prime operazioni di investimento sarebbe meglio compierle su immobili di piccole dimensioni perché è più facile gestire non solo delle somme modeste ma perfino eventuali imprevisti che possono accadere; dopo aver maturato la dovuta esperienza si può procedere all'acquisto di immobili sempre più grandi sia in termini di valore economico che di risorse da impiegare.

Nel periodo di formazione iniziale anche le agenzie immobiliari ci potranno fornire, inconsapevolmente, un valido supporto in quanto conoscono bene una determinata zona e risponderanno volentieri ad eventuali domande perché il loro scopo è cercare di poter acquisire il mandato per vendere un immobile.

Dalla mia lunga esperienza, questo breve periodo di apprendimento è essenziale per raggiungere le competenze necessarie che ci permetteranno di operare in questo settore e nessun testo può essere paragonato all'esperienza ed alla pratica maturate direttamente sul campo.

CAPITOLO 5 :

COME VALUTARE UN IMMOBILE

Un immobile può essere acquistato o venduto per varie ragioni e di conseguenza il prezzo verrà determinato in modo differente.

Quando si vuole acquistare un immobile per andarci a vivere con la propria famiglia, il futuro proprietario sarà disposto anche a pagare un prezzo più alto del valore stesso dell'immobile perché entrerà in gioco non solo l'aspetto emozionale ma l'acquisto non verrà classificato come un investimento futuro.

Se invece si vuole effettuare un'operazione di compravendita, per cercare di ottenere un profitto, l'immobile deve essere acquistato ad un prezzo molto minore rispetto alle attuali valutazioni di mercato.

Un secondo parametro per determinare il giusto valore dell'immobile sono i metri quadrati ovvero la grandezza dell'immobile poiché dobbiamo distinguere tra la superficie calpestabile e quella commerciale.

La prima è caratterizzata dai metri quadrati che, come dice la parola stessa, sono effettivamente calpestabili ed in questa area non vengono compresi i muri perimetrali e le pareti divisorie.

La superficie commerciale, invece, rappresenta la

grandezza totale dell'appartamento ossia comprensiva dei muri e delle pareti; questa superficie risulta sempre superiore di circa il 20% rispetto a quella calpestabile.

Bisogna saper calcolare nel migliore dei modi la superficie commerciale di un immobile per fare in modo di poter offrire un prezzo adeguato in quanto la superficie calpestabile viene calcolata al 100%, quella relativa ai balconi e le terrazze si calcola al 25% ed eventuali aree scoperte, come ad esempio i giardini di una villa, vengono valutate con una percentuale del 15% della superficie.

Naturalmente se l'immobile dispone anche di una cantina oppure l'edificio è provvisto di un ascensore, il valore certamente può aumentare.

Un ulteriore aspetto da tenere presente nella valutazione complessiva, riguarda la zona nella quale è ubicato l'immobile perché il valore si modificherà inevitabilmente se si tratta di un appartamento in un edificio di pregio rispetto ad uno popolare, se si trova in centro o in periferia oppure se nelle vicinanze sono presenti tutti i servizi necessari come ad esempio i supermercati, le scuole ed i trasporti pubblici.

Inoltre, nel momento in cui andiamo ad esaminare un immobile, dobbiamo verificare in che stato si trova e di conseguenza occorre valutare le eventuali spese di ristrutturazione che dovranno essere sottratte dal prezzo offerto in fase di proposta di acquisto.

Un investitore sarà ben contento di visionare un immobile da ristrutturare visto che sarà più facile iniziare una trattativa offrendo un prezzo molto scontato; se invece si vuole acquistare un appartamento per poterlo condividere con la propria famiglia, sarà più comodo trovare un immobile già ristrutturato pagando ovviamente un prezzo più elevato.

L'ultimo, ma non meno importante, fattore da considerare è sicuramente il prezzo massimo che siamo disposti a pagare per acquistare un immobile poiché è fondamentale conoscere l'esatto valore rispetto alla zona di ubicazione.

Per fare un paragone, possiamo confrontare i valori degli immobili sulle riviste delle varie agenzie immobiliari in modo da definire un prezzo di riferimento; successivamente bisogna saper valutare i costi per un'eventuale ristrutturazione e le successive imposte da pagare sia per le prime che per le seconde case in quanto sussistono molte differenze.

Nel caso in cui vogliamo acquistare un immobile per rivenderlo e generare un profitto, dobbiamo anche considerare e valutare la tassazione sulle plusvalenze che verranno generate.

CAPITOLO 6 :

IL PRIMO METODO PER ACQUISTARE IMMOBILI A PREZZO SCONTATO

Per investire in immobili in modo profittevole è importante che il prezzo di acquisto sia ovviamente inferiore a quello di mercato con una percentuale di almeno il 30% al netto di tutte le spese che si dovranno sostenere nella fase successiva all'acquisto.

Naturalmente trovare questi affari immobiliari non è per niente semplice ma non bisogna scoraggiarsi bensì ricorrere ad alcuni metodi che possano facilitare la ricerca.

Il primo metodo per acquistare immobili con un forte sconto è rappresentato dalle aste giudiziarie; in questo tipo di settore è opportuno essere molto competenti e conoscere a fondo gli aspetti legali oltre a saper valutare un immobile.

Alle vendite giudiziarie possiamo avere l'opportunità di aggiudicarci un immobile ad un prezzo veramente basso, perfino molto inferiore del 30% rispetto al valore di mercato.

Questi immobili sono di proprietà non solo di persone che hanno ricevuto, purtroppo, un pignoramento in seguito all'impossibilità di pagare le rate del mutuo ma anche di società che dichiarano fallimento.

In un altro libro dedicato solamente ai metodi e alle regole necessarie da seguire per acquistare alle aste giudiziarie in totale sicurezza, vengono trattati tutti gli aspetti legali e tecnici che si devono conoscere per evitare di rivolgersi ai vari professionisti per l'espletamento di tante pratiche che andrebbero ad abbassare sicuramente il nostro profitto finale.

Per partecipare ad un'asta giudiziaria è utile osservare sulle riviste e sui vari portali specializzati, tutti gli immobili che potrebbero interessarci; specialmente sui siti web dei vari tribunali, si ha il vantaggio di ricercare le vendite anche in una determinata città visionando il documento più importante per la valutazione dell'immobile ovvero la perizia redatta dal c.t.u. (consulente tecnico d'ufficio) nominato appositamente dal giudice delle esecuzioni immobiliari.

Inoltre è indispensabile capire se il prezzo base d'asta rappresenta un ottimo affare valutando tutte gli oneri che, eventualmente, bisogna pagare come ad esempio le spese condominiali arretrate e le imposte da versare dopo l'acquisto.

Una volta terminate tutte le verifiche necessarie ed aver preso la decisione di partecipare alla vendita giudiziaria di un determinato immobile, bisognerà preparare la domanda di partecipazione che ogni tribunale mette a disposizione allegando un assegno circolare, che di solito è il 10% del prezzo base d'asta o dell'offerta minima, intestato al tribunale designato alla vendita con riferimento anche al numero della procedura esecutiva insieme ad un nostro documento d'identità o di un eventuale rappresentante che deve essere esclusivamente un avvocato.

La domanda di partecipazione ed i relativi documenti si presentano in busta chiusa presso la cancelleria del tribunale di riferimento o del professionista delegato entro il giorno e l'orario specificato nell'ordinanza di vendita.

Infine dobbiamo attendere solamente di poter partecipare all'asta giudiziaria sapendo già il prezzo massimo che saremo disposti ad offrire e se avremo la bravura e la fortuna di aggiudicarci l'immobile, si dovrà versare il saldo in un termine massimo di 120 giorni, sempre tramite un assegno circolare intestato al medesimo beneficiario.

Per diventare a tutti gli effetti proprietari dell'immobile aggiudicato si dovrà attendere che il giudice rediga il decreto di trasferimento e la successiva cancellazione delle ipoteche e trascrizioni gravanti sull'immobile oggetto della procedura esecutiva.

Potrebbe sembrare semplice partecipare ad un'asta giudiziaria ma il vero lavoro e le verifiche necessarie devono essere effettuate prima di voler provare ad aggiudicarsi un immobile dato che tutti gli elementi da valutare sono descritti nella perizia redatta dal c.t.u.

Se non si dispone delle competenze necessarie, il consiglio è quello di farsi seguire da un esperto del settore poiché si può rischiare di perdere i soldi investiti.

E' opportuno valutare i vari aspetti tecnici come l'effettiva superficie dell'immobile, lo stato di conservazione, eventuali spese condominiali arretrate (per l'aggiudicatario gravano solamente le somme relative all'anno in corso e quello precedente), se è necessario effettuare dei pagamenti per alcune irregolarità catastali e soprattutto se l'immobile è giuridicamente libero.

Questo primo metodo per investire in immobili è molto profittevole ma bisogna essere competenti in materia ed è proprio per questo motivo che ho voluto dedicare un altro libro esclusivamente rivolto al tema delle aste giudiziarie in quanto esistono tante opzioni da valutare per cercare di aggiudicarsi un immobile senza incorrere in nessun tipo di problema.

CAPITOLO 7 :

IL SECONDO METODO PER ACQUISTARE IMMOBILI A PREZZO SCONTATO

Un modo più semplice, rispetto alle aste giudiziarie, per trovare immobili ad un prezzo molto vantaggioso è quello di acquistare direttamente dai privati.

Bisogna cercare persone che, per un qualsiasi motivo, hanno l'esigenza di vendere il proprio immobile come ad esempio genitori che si vogliono trasferire in un'altra città per seguire i figli, immobili ricevuti in eredità dove i costi di manutenzione risultano troppo elevati oppure individui che si trovano in difficoltà con il pagamento del mutuo e che preferiscono non farsi pignorare l'immobile ma venderlo prima ed estinguere così il proprio debito.

Inizialmente anch'io pensavo fosse veramente difficile trovare questo genere di venditori ma il modo migliore è semplicemente comunicare con la gente.

Il mio primo affare immobiliare è nato proprio in questo modo ovvero parlando con un mio conoscente il quale mi informò che la sua famiglia aveva ricevuto in eredità un intero edificio; essendo per loro troppo oneroso sostenere ogni anno le spese per la manutenzione, avevano deciso di venderlo nel più breve tempo possibile cercando di guadagnare una discreta somma di denaro.

Quindi intrattenere relazioni con amici, parenti o agenzie immobiliare può rappresentare una buona base di partenza per trovare offerte vantaggiose su cui investire.

Innanzitutto è utile conoscere quali sono le vere motivazioni che spingono gli individui alla vendita dell'immobile per poi trasmettere al venditore la serenità di poter arrivare ad una conclusione e chiudere un affare che può garantire una convenienza economica da entrambe le parti.

Per essere certi che l'immobile sia libero da eventuali trascrizioni o ipoteche bisogna richiedere all'Agenzia del Territorio semplicemente una visura catastale e ipotecaria ed assicurarsi, inoltre, che l'interlocutore sia sempre il proprietario perché in questo modo eviteremo di perdere tempo con persone che non hanno la capacità decisionale.

Una volta effettuate tutte le verifiche, si procederà nella scrittura del compromesso di vendita anticipando la minor somma di denaro possibile a titolo di caparra confirmatoria.

Il prezzo da offrire, per poter generare un profitto tramite la rivendita, deve essere minore di almeno il 30% rispetto al valore di mercato e sempre al netto di tutti gli oneri che bisognerà pagare dopo la stipula dell'atto notarile.

Un consiglio che può risultare utile è sapere precisamente a quanto ammonta il nostro potenziale economico ovvero chiedere all'istituto finanziario la cifra massima di cui possiamo disporre se dovessimo stipulare un mutuo.

In questo modo avremo la certezza di una determinata disponibilità finanziaria e sapremo, prima di intraprendere qualsiasi tipo di operazione, quali immobili potremo ricercare per una possibile contrattazione.

CAPITOLO 8 :

IL TERZO METODO PER ACQUISTARE IMMOBILI A PREZZO SCONTATO

Un altro metodo, forse il più redditizio, per effettuare operazioni immobiliari con alti profitti è rappresentato dalla compravendita a stralcio.

Questa tecnica può essere intrapresa quando veniamo a conoscenza di specifici avvenimenti in cui il proprietario di un immobile non riesce a saldare, per qualsiasi motivo, le rate del mutuo in modo regolare ed è quindi soggetto a continue comunicazioni e solleciti da parte dell'istituto finanziario o addirittura l'immobile è già stato pignorato con conseguente asta giudiziaria in corso.

Quando un immobile non è ancora soggetto a vendita giudiziaria, l'unico modo che abbiamo per conoscere questo tipo di circostanza a sfavore del proprietario è solamente quello di parlare con le persone che vivono nell'edificio.

Se invece l'immobile è già oggetto di pignoramento ed è stato anche pubblicato il giorno della vendita, nei siti web di riferimento possiamo non solo capire se l'immobile è potenzialmente aggiudicabile direttamente all'asta ma addirittura si può tentare di acquistarlo prima della vendita.

Il primo passo da compiere è sapere il nominativo del proprietario e nella perizia redatta dal c.t.u. si possono visualizzare i dati dell'immobile ovvero foglio, particella e subalterno; recandoci all'agenzia del territorio si ha la possibilità di richiedere una visura catastale e conoscere, quindi, i dati anagrafici della persona con cui dovremo relazionarci.

Nel comunicare con il soggetto interessato è importante informarlo che, vendendo l'immobile prima di un'eventuale aggiudicazione all'asta, può non solo ripianare i debiti accumulati ma non sarà neanche iscritto nella "lista nera" del CRIF (Centrale dei Rischi Finanziari) che offre informazioni sulle referenze creditizie di tutti i soggetti.

Se il proprietario dell'immobile dovesse essere d'accordo, attraverso un'apposita delega, dovremo contattare i creditori per conoscere l'esatto debito accumulato comprensivo degli interessi maturati.

Infine potremo avanzare la nostra proposta di stralcio ai creditori offrendo una cifra minore dell'effettivo debito; se l'istituto finanziario dovesse accettare avremo l'opportunità di acquistare l'immobile con un forte sconto.

Una volta che l'accordo verrà siglato bisognerà affidare un mandato fiduciario al nostro notaio e depositare una cauzione tramite una quota simbolica; successivamente i creditori dovranno presentare al tribunale di riferimento un'istanza per la rinuncia ai crediti e, solitamente, nel termine di 10 giorni il giudice chiuderà il procedimento ed applicherà il timbro di mancata opposizione in quanto il debito è stato saldato.

L'ultimo passo da compiere è far redigere al notaio l'atto di compravendita ed in questa fase un aspetto molto interessante da considerare riguarda la possibilità di finalizzare personalmente l'acquisto oppure cederlo ad un altro acquirente.

In quest'ultimo caso si evitano di pagare gli oneri che derivano da un atto di compravendita di un immobile facendosi carico solamente delle spese per la cessione di un contratto di compravendita.

Talvolta può capitare che il debito sia veramente esiguo rispetto al valore dell'immobile e se si dovesse verificare questa circostanza potremo anche concedere, per differenza, una cifra al proprietario.

Ad esempio se il valore dell'immobile è di € 100.000 e il debito risulta € 20.000 possiamo offrire al debitore € 30.000 e chiudere, quindi, un affare immobiliare con uno sconto del 50% sul valore di mercato dell'immobile; così facendo avremo pagato in totale € 50.000 rispetto ad un immobile il cui valore attuale è di € 100.000.

Con il metodo dello stralcio non dobbiamo mai chiudere un'operazione immobiliare al di sotto del 40% dell'effettivo valore dell'immobile.

Attraverso questa strategia tutte le figure coinvolte possono trarne vantaggio visto che l'acquirente diventerà il nuovo proprietario dell'immobile ad un prezzo decisamente inferiore rispetto a quello di mercato, il creditore riceverà anche parzialmente il saldo immediato e di conseguenza il venditore sarà libero da qualsiasi debito.

Per operare con la tecnica dello stralcio dobbiamo essere bravi e competenti in quanto risulta fondamentale conoscere le leggi di riferimento per eliminare eventuali ipoteche prima dell'acquisto e avere la liberatoria da parte dei creditori.

Nel caso di cessione del contratto, non acquistando noi direttamente l'immobile, bisogna necessariamente organizzare in modo preciso i tempi della vendita poiché questo passaggio deve avvenire prima che le ipoteche vengano cancellate; quest'ultimo punto risulta essere il più critico perché si devono eliminare gli eventuali pregiudizi da parte di un potenziale acquirente che, ovviamente, è propenso ad acquistare solamente un immobile privo di qualsiasi trascrizione o ipoteca.

CAPITOLO 9 :

VALUTAZIONE DEI NOVE RISCHI IN UNA COMPRAVENDITA IMMOBILIARE

Le operazioni immobiliari comportano una serie di rischi da calcolare in modo tale da compiere sempre le giuste scelte.

Il **primo rischio**, come accennato in precedenza, è rappresentato dagli oneri condominiali insoluti in quanto è necessario accertarsi se siano stati interamente pagati altrimenti il nuovo proprietario dovrà saldare solamente le spese relative all'anno in corso e quello precedente.

E' comunque utile conoscere questo particolare dato e bisogna fare in modo di essere sempre preparati a tutte le incombenze che dobbiamo pagare prima della stipula dell'atto notarile.

Il **secondo rischio** ricade sulla forma del contratto di vendita dell'immobile perché per essere valido è necessaria la trascrizione nei registri immobiliari ed è per questo motivo che viene redatto da un notaio in forma scritta; di conseguenza anche il contratto preliminare di vendita deve essere stilato sempre in forma scritta altrimenti un accordo orale non potrà vincolare il venditore alla stipula dell'atto di vendita definitivo.

Il **terzo rischio** da valutare prima di acquistare un immobile è verificare il regime patrimoniale del venditore ovvero se è in separazione o comunione legale dei beni con il proprio coniuge.

Nel secondo caso è fondamentale che il compromesso di vendita e l'atto definitivo vengano sottoscritti da entrambi i coniugi.

Per essere certi di non incorrere in questo rischio è opportuno chiedere al venditore di esibire un certificato dell'atto di matrimonio che si può reperire all'ufficio preposto del comune; se invece dovesse capitare che i coniugi si siano separati prima della vendita dell'immobile, la comunione legale può essere definita tecnicamente non valida.

In questo caso si deve accertare la titolarità dell'immobile visto che se risultano entrambi proprietari è necessario che il compromesso di vendita definitivo venga sempre firmato da ambedue le parti.

Il **quarto rischio** che richiede attenzione è l'acquisto di immobili da costruire o in corso di costruzione detto in gergo "su carta".

In questo caso, per essere tutelati, il futuro acquirente ha diritto di ricevere dal costruttore una garanzia fideiussoria che rappresenta una tutela nel caso in cui l'impresa di costruzioni dovesse fallire prima di completare l'immobile.

Se ciò dovesse accadere l'acquirente, attraverso la fideiussione, sarà garantito per quella parte di importo già anticipato; inoltre questo tipo di garanzia è obbligatoria ed in caso di assenza il contratto si può definire nullo.

Il quinto rischio da tenere in considerazione è l'assenza delle informazioni ovvero quando il venditore non rivela all'acquirente eventuali gravami pendenti sull'immobile come ad esempio un'ipoteca perché quest'ultima verrà trasferita all'acquirente.

L'ipoteca è una garanzia che riguarda un debito non saldato e l'immobile può essere aggredito da un eventuale creditore; a volte può accadere che il debito sia già estinto ma l'ipoteca

risulti ancora presente poiché non è stata presentata una richiesta specifica di rimozione; se invece sono trascorsi vent'anni dalla sua iscrizione, in questo caso, verrà cancellata d'ufficio senza ulteriori costi da sostenere.

Per essere sicuri di non incorrere in questo rischio si richiede una visura ipotecaria nella quale si evince che sull'immobile da acquistare non sono presenti eventuali gravami.

Il sesto rischio da evitare nel momento in cui si vuole acquistare un immobile per poi rivenderlo è quello di cercare il miglior istituto finanziario che ci possa erogare un mutuo con le migliori condizioni possibili.

Quando l'operazione immobiliare è finalizzata ad uno scopo meramente speculativo, dobbiamo capire quali sono gli interessi da pagare per ogni singola rata e soprattutto l'ammontare dei relativi costi di chiusura anticipata in quanto si presume di pagare poche rate ed estinguere il mutuo in un tempo limitato.

Il settimo rischio è determinato dal diritto di prelazione sull'acquisto di un immobile.

Questo diritto concede la possibilità ad una terza persona, già designata, di decidere se vuole diventare il futuro acquirente; in caso contrario si potrà effettuare la vendita a chiunque.

Di conseguenza, prima di concludere un'operazione immobiliare, è essenziale comunicare l'eventuale vendita al soggetto che detiene il diritto di prelazione.

La prelazione può essere di tipo :

- contrattuale ovvero decisa in un regolamento o in un contratto.
- designato dalla legge, relativamente ad immobili in cui il diritto di prelazione spetta ad una determinata persona.
- artistica, limitatamente ad immobili con vincoli storici o architettonici dove la prelazione è detenuta dallo Stato.

In caso di una precisa mancanza di comunicazione da parte del venditore il contratto sarà nullo.

Quindi prima di acquistare un immobile bisogna essere

certi che non ci sia un possibile diritto di prelazione oppure si deve avere la certezza che chiunque sia stato designato abbia rinunciato all'acquisto.

L'ottavo rischio da non sottovalutare è un eventuale decesso del venditore prima della stipula dell'atto notarile.

In questo caso al promittente venditore succedono gli eredi designati assumendo la stessa identica posizione del venditore defunto e saranno obbligati a concludere l'operazione alle medesime condizioni che sono state pattuite dal venditore deceduto.

Se invece il decesso si verifica nel momento in cui è stata redatta la proposta di acquisto e non il contratto preliminare di compravendita, tale proposta perderà l'efficacia ed eventuali eredi potranno comportarsi in qualunque modo sia da loro ritenuto più opportuno.

Il nono e ultimo rischio a cui prestare attenzione è quello derivante da un immobile che è stato oggetto di donazione o successione verso i nuovi proprietari.

Per ciò che concerne la donazione, se alcuni eredi credono di non aver avuto i diritti spettanti, possono opporsi legittimamente all'atto di donazione dopo il decesso del donante; perciò bisogna prestare molta cautela in quanto si rischia di perdere totalmente l'investimento sull'immobile.

Nel secondo caso, ovvero per successione, esclusivamente il notaio sarà in grado di valutare concretamente l'evolversi della situazione e fornire le informazioni complete per permettere, eventualmente, di far acquistare l'immobile senza problemi.

Solamente evitando questi rischi ed adottando tutti gli accorgimenti necessari si è in grado di effettuare un investimento o di acquistare un immobile con totale sicurezza avendo la certezza che nessuno mai potrà in futuro rivendicare determinati diritti sul bene.

CAPITOLO 10 :
COME FINANZIARE LE OPERAZIONI IMMOBILIARI

L'acquisto di un immobile può essere saldato in diversi modi ovvero tramite l'addebito mensile delle rate di un mutuo oppure, se si dispone di ingenti capitali, si può anche pagare direttamente attraverso un assegno circolare.

Se ci dovessimo comportare come un investitore immobiliare ed avere, quindi, come unico fine la rivendita dell'immobile nel più breve tempo possibile, il metodo più conveniente è sicuramente quello di ricorrere al mutuo presso un istituto finanziario.

In questo modo avremo la possibilità di sfruttare la leva finanziaria ed effettuare varie operazioni di investimento con un capitale ridotto.

Il mutuo è fondamentalmente un prestito da rimborsare in un lasso di tempo che varia dai 10 ai 30 anni garantito dall'ipoteca sullo stesso immobile e l'istituto finanziario propone un diverso tasso di interesse che può essere fisso o variabile.

Il comportamento migliore da adottare è sicuramente contattare diversi istituti bancari per conoscere ciò che ci viene proposto e scegliere lo strumento che presenta le migliori condizioni.

Il guadagno della banca deriva sostanzialmente dallo spread vale a dire la percentuale del tasso applicato che ovviamente è oggetto di contrattazione.

Un altro fattore da tenere in considerazione sono i costi di intermediazione che rappresentano tutti gli oneri da sostenere per le pratiche burocratiche; inoltre è importante scegliere il mutuo che possa coprire il maggiore importo possibile da finanziare.

La cifra che viene concessa solitamente varia dal 70% all'80% del valore dell'immobile però, soprattutto in questi ultimi anni, la percentuale può arrivare anche a coprire l'intero importo.

Infine è importante ricordare che l'ammontare massimo della rata da pagare mensilmente non può superare il 30% di ciò che una persona guadagna.

Le caratteristiche del mutuo con tasso fisso sono relativamente semplici da comprendere; sono costituite da rate mensili costanti dove i relativi tassi di interesse rimangono identici per tutto il tempo.

Il mutuo con tasso variabile, invece, è caratterizzato da rate mensili che variano al variare dei tassi di interesse e perciò l'importo da pagare mensilmente subirà una variazione in positivo o in negativo e, di conseguenza, si modificherà anche la durata temporale del mutuo stesso.

Sono presenti altri tipi di mutui ma per gli investimenti immobiliari, solitamente, i migliori sono quelli a tasso fisso e a tasso variabile.

Nelle operazioni di investimento immobiliare effettuate personalmente ho scelto sempre il mutuo a tasso fisso in quanto posso calcolare anticipatamente l'esborso di denaro mensile cercando sempre di vendere l'immobile nel più breve tempo possibile, estinguere il mutuo e pensare solamente al profitto che posso generare.

Nel calcolare tutti gli oneri da pagare, oltre alle spese per accendere ed estinguere un mutuo, si devono considerare non solo la parcella notarile che sarà determinata dallo stesso notaio ma anche le imposte da versare per l'acquisto dell'immobile.

Una scelta molto conveniente che viene concessa dalla nostra legislazione è l'acquisto di immobili con l'agevolazione prima casa.

Tutte le volte che si trasferisce una proprietà immobiliare bisogna effettuare il pagamento di alcune imposte e più precisamente dell'imposta di registro che serve ad annotare l'atto di compravendita in un pubblico registro, l'imposta ipotecaria che rappresenta un onere da pagare per formalizzare la trascrizione di un atto pubblico di compravendita immobiliare ed infine l'imposta catastale che costituisce una spesa dovuta sui documenti denominati volture catastali; queste tre diverse imposte variano se l'acquisto dell'immobile viene effettuato chiedendo o meno l'agevolazione prima casa.

Come dice la parola stessa, l'agevolazione non può essere richiesta per acquistare immobili diversi dalle case e quest'ultime devono presentare anche delle caratteristiche come ad esempio non possono ricadere nella categoria degli immobili di lusso.

Normalmente l'imposta di registro è pari al 9% sul valore catastale dell'immobile mentre l'imposta ipotecaria e quella catastale ammontano ognuna a 50 Euro.

Ottenendo l'agevolazione prima casa, l'imposta ipotecaria e catastale non variano ma uno sconto rilevante è rappresentato dall'imposta di registro che si riduce al 2% sempre sul valore catastale della casa.

Per poter disporre di questa agevolazione è necessario cambiare la propria residenza entro 18 mesi e possedere l'immobile per almeno cinque anni oppure, se viene rivenduto, bisogna acquistarne un altro entro 12 mesi altrimenti l'agevolazione decade.

Se una persona vuole trasferirsi con la propria famiglia può risultare molto conveniente ma comportandosi come un investitore immobiliare si può desumere che l'agevolazione diventa ancora più rilevante in quanto il fine è cercare di acquistare e rivendere il maggior numero di immobili nel minor tempo possibile ed avere l'opportunità di pagare delle imposte il cui valore, tramite l'agevolazione prima casa, risulta senz'altro irrisorio.

L'ultimo fattore da non sottovalutare è la plusvalenza che viene generata nel momento in cui si vende una casa infatti lo Stato chiede una tassa pari al 20% del profitto generato.

L'elemento più importante da considerare è rappresentato dal presupposto che la plusvalenza immobiliare è esente da qualsiasi genere di tassazione nel momento in cui la vendita avviene dopo un periodo di cinque anni.

La stessa esenzione viene estesa a chiunque abbia acquistato un'abitazione usufruendo dell'agevolazione prima casa con due eccezioni :

- se un immobile viene venduto prima dei cinque anni bisogna acquistarne un altro con le medesime caratteristiche entro 12 mesi.

- il proprietario deve aver utilizzato l'immobile, per la maggior parte del tempo che intercorre tra l'acquisto e la rivendita dell'immobile, come propria dimora principale.

CAPITOLO 11 :

LE TECNICHE PER VENDERE VELOCEMENTE UN IMMOBILE

Il modo migliore per generare un profitto in un investimento immobiliare è acquistare ad un prezzo molto inferiore a quello di mercato.

Una volta che l'immobile viene ristrutturato si inizia a farlo visionare ai potenziali acquirenti cercando di venderlo nel minor tempo possibile per poter continuare ad effettuare un ulteriore investimento.

Si può richiedere l'intervento di diverse figure presenti sul mercato come le agenzie immobiliari ed i vari professionisti specializzati nel settore.

Nel nostro paese i due metodi più diffusi sono :

- vendere attraverso le agenzie immobiliari.
- vendere autonomamente il nostro immobile.

Se le agenzie sono valide possono costituire un grande aiuto soprattutto se non si ha tempo da dedicare poiché rappresentano un'ottima vetrina per pubblicizzare i nostri immobili.

Generalmente la differenza fondamentale tra le agenzie immobiliari di grandi e piccole dimensioni è la clientela potenzialmente raggiungibile attraverso le loro banche dati.

Le agenzie di grandi dimensioni dispongono di migliaia di nominativi che vogliono acquistare un immobile e quindi risulta più semplice effettuare una vendita in quanto, queste

imprese, hanno una disponibilità economica tale da permettersi di pubblicare, in qualsiasi rivista del settore, un annuncio di vendita o affitto di qualunque tipo di immobili.

Tutte le agenzie immobiliari, solitamente, chiedono che il contratto sia stipulato in esclusiva con un lasso di tempo che può essere di circa sei mesi ma il modo migliore è sempre quello di fornire le chiavi a tutte le agenzie visto che in questo modo aumenteranno le possibilità di far visionare l'immobile a più acquirenti.

Nell'eventualità che l'immobile venga venduto, qualsiasi agenzia chiederà una percentuale ma questo fattore non deve limitarci perché è doveroso cedere una piccola parte del nostro profitto a qualcuno che svolge tutto il lavoro al posto nostro senza preoccuparci di nulla.

Se invece abbiamo tempo da dedicare possiamo adottare la seconda tecnica ovvero provare a vendere personalmente il nostro immobile.

In questo caso è necessario sfruttare gli unici mezzi di cui è possibile disporre : la vendita attraverso il web e la modalità off line.

Negli ultimi anni Internet è utilizzato da milioni di persone per cercare qualsiasi cosa ma la maggiore difficoltà è trovare i giusti portali che permettano di vendere il nostro immobile attraverso un annuncio efficace in modo tale da essere visionato da tanti individui; così facendo dovremo solamente attendere di ricevere i messaggi dai potenziali acquirenti.

Nel mercato off line, invece, bisogna essere molto più dinamici perché dobbiamo innanzitutto apporre alcuni cartelli con la scritta "Vendesi" all'ingresso dell'edificio, su un eventuale cancello di ingresso e nelle zone limitrofe in quanto tanta gente, soprattutto coloro i quali abitano nelle vicinanze, potrebbero ricercare un immobile per un membro della propria famiglia.

Sul cartello è importante scrivere un annuncio di vendita semplice ma efficace specificando i numeri dei locali, la superficie, l'indirizzo e il piano dove è ubicato l'immobile ma è opportuno evidenziare anche il prezzo di vendita così, in questo modo, si evita di far visionare l'immobile a gente con un budget finanziario inferiore alla somma di denaro da noi richiesta.

Se entro una settimana non si riceve nessun genere di telefonata si procede a stampare circa 400 volantini tentando un'altra forma di pubblicità per ulteriori sette giorni.

Nell'eventualità che l'immobile non sia ancora ristrutturato, per dare un'idea ai potenziali acquirenti di come si presenterà non appena terminato, è utile richiedere un disegno tecnico o meglio ancora un rendering (immagine dell'immobile tridimensionale creata al computer) al nostro professionista di fiducia che progetta i lavori.

Se adottando questi metodi non si riesce ad avere nessun

riscontro positivo, non resta altro da fare che affidarci alle agenzie immobiliari e consegnare loro le chiavi per fare in modo che le persone interessate possano visionare la casa cercando di convincerli, infine, ad acquistare l'immobile.

CAPITOLO 12 :

LA LEVA FINANZIARIA

Uno strumento che ci permette di poter investire una cifra di cui noi non possediamo è la leva finanziaria.

E' utilizzata in tutti i campi della finanza ed in ambito immobiliare abbiamo la possibilità di servirci degli istituti di credito per disporre di una quantità di denaro in modo tale da far fronte ai nostri investimenti.

Quando chiediamo un mutuo per effettuare un investimento immobiliare, la banca ci finanzierà fino all'80% del capitale che ci occorre anche se a volte è possibile arrivare alla copertura completa della cifra richiesta.

Se ad esempio la nostra disponibilità è di € 100.000 possiamo suddividere questo importo per investire su più immobili e chiedere alla banca di finanziarci il resto del capitale.

Generalmente saremo in grado di effettuare cinque operazioni immobiliari ripartite in questo modo:

Capitale Proprio	Mutuo Bancario (80%)	Leva Finanziaria
€ 20.000	€ 80.000	€ 100.000
€ 20.000	€ 80.000	€ 100.000
€ 20.000	€ 80.000	€ 100.000
€ 20.000	€ 80.000	€ 100.000
€ 20.000	€ 80.000	€ 100.000
Totale € 100.000	Totale € 400.000	Totale 500.000

Così facendo la leva finanziaria risulta essere cinque volte superiore rispetto al nostro capitale totale e, di conseguenza, ci permette di effettuare investimenti per una cifra di cui noi non disponiamo.

Rivolgendoci, quindi, ad un partner finanziario possiamo utilizzare una piccola parte della somma a disposizione per poter generare un ROI (Return on Investment) pari al 500% del capitale investito.

Bisogna comunque prestare molta attenzione a realizzare un investimento perché gli istituti finanziari osservano in modo molto preciso la corresponsione delle rate mensili infatti, se dovessimo ritardare anche poche volte i pagamenti, non saremo più in grado di richiedere un mutuo per effettuare i nostri investimenti in quanto risulteremo poco affidabili.

Una situazione ancora peggiore è l'iscrizione al CRIF (Centrale Rischi Intermediazione Finanziaria); se l'istituto finanziario dovesse controllare la nostra solvibilità notando la nostra presenza nella banca dati, non potremo ricevere nessun finanziamento per le operazioni immobiliari.

Soprattutto nella fase iniziale dobbiamo iniziare con un solo investimento ed avere la certezza di poter pagare le rate, rivendere il nostro immobile, generare il massimo profitto ed essere considerati dagli istituti finanziari come investitori affidabili.

CAPITOLO 13 :

LA CESSIONE DEL COMPROMESSO

Nel momento in cui troviamo un immobile interessante, per poter effettuare un'operazione di compravendita si procede sottoscrivendo una proposta di acquisto.

Se tale proposta dovesse essere accettata si redigerà un compromesso di vendita o meglio conosciuto come contratto preliminare di compravendita immobiliare; la stipula è obbligatoriamente redatta in forma scritta ed il venditore si impegna a cedere un immobile al futuro acquirente ad un determinato prezzo e secondo i vari termini stabiliti nel contratto stesso.

Una volta che il venditore e l'acquirente hanno raggiunto un accordo, si procederà a redigere il contratto definitivo alla presenza di un notaio che avrà il compito di trasferire la proprietà in modo ufficiale.

Gli investitori immobiliari, specialmente nella fase iniziale della loro carriera, concludono operazioni di compravendita effettuando la cessione del compromesso evitando, quindi, di acquistare loro stessi l'immobile.

Nel momento in cui si stipula il contratto preliminare di vendita, bisogna inserire un'apposita dicitura nella quale si evince che il promittente venditore, secondo l'art. 1406 del codice civile, consente al futuro acquirente di poter cedere a terzi il contratto preliminare.

Solitamente, dal momento in cui si firma il compromesso fino all'atto definitivo, trascorrono alcuni mesi che rappresentano il tempo necessario per le banche di effettuare tutti gli accertamenti ed accreditare la somma richiesta attraverso il mutuo.

In questo lasso di tempo, un investitore immobiliare che vuole cedere un contratto preliminare di compravendita, deve ricercare l'acquirente finale usufruendo del maggior tempo possibile che, solitamente, si aggira intorno ai 180 giorni.

Una volta trovato il futuro acquirente ed avendo pattuito il prezzo finale di vendita dell'immobile, il giorno della stipula del contratto definitivo, la terza persona che avrà accettato il contratto preliminare sarà l'effettivo proprietario mentre noi avremo la concreta possibilità di guadagnare il corrispettivo che sarà costituito dalla differenza del prezzo stabilito in precedenza con il promittente venditore ed il futuro acquirente.

Inoltre noi non andremo a pagare nessuna spesa e nessun tributo riguardante il trasferimento dell'immobile ma solamente gli oneri per la cessione del contratto cioè l'imposta di registro pari a 200 Euro, una percentuale dello 0.50% sulla caparra confirmatoria che abbiamo versato alla firma del preliminare di vendita e l'imposta proporzionale del 3% sul corrispettivo pattuito in modo preliminare.

Esempio :

Il Signor Rossi vuole acquistare un immobile dal Signor Verdi al prezzo di € 50.000,00 e stipulano un contratto preliminare di compravendita.

Il Signor Rossi versa una caparra confirmatoria di € 1.000,00 e poco tempo dopo cede il contratto al Signor Bianchi che accetta di acquistare l'immobile per € 70.000,00 di cui € 50.000,00 per l'acquisto dell'immobile, € 1.000,00 come rimborso della caparra ed € 19.000,00 come corrispettivo per la cessione del contratto.

Gli oneri che dovrà pagare il Signor Rossi per aver ceduto il contratto ammontano a :

- Imposta di registro pari ad € 200,00
- Imposta Proporzionale del 3% (€ 570,00) sul corrispettivo di € 19.000,00.

Gli oneri totali saranno :
€ 200,00 + € 570,00 = € 770,00

Per concludere il Signor Rossi effettuando un'operazione immobiliare con un investimento di € 1.000,00 a titolo di caparra ha generato un guadagno netto di € 18.230,00 che è pari ad un ROI del 36,46% sul prezzo concordato per l'acquisto originario dell'immobile.

CAPITOLO 14 :

LA RISTRUTTURAZIONE DELL'IMMOBILE

In un investimento immobiliare bisogna sempre calcolare l'ammontare delle spese necessarie per la ristrutturazione in modo da renderlo esteticamente molto curato e farlo visionare ai potenziali acquirenti.

Le persone che acquistano una casa per andare a vivere con la propria famiglia vogliono evitare di perdere molto tempo con la ristrutturazione; inoltre un immobile ben rifinito cattura molto di più l'attenzione e si vende in minor tempo.

Questa ipotesi, un investitore immobiliare, non la prende in considerazione in quanto, se l'immobile deve essere ristrutturato, può contrattare molto di più sul prezzo finale di vendita; una trattativa di un immobile già completo di tutto il necessario risulterebbe molto più complicata e poco profittevole a meno che il venditore non abbia l'esigenza, per qualsiasi ragione, di alienarlo prima possibile.

Quindi se siamo alla ricerca di una casa è fondamentale essere molto bravi ed attenti nella scelta di una zona ben precisa in maniera tale da accelerare il processo di vendita.

Gli investitori visionano la maggior parte degli immobili nelle vicinanze o nel centro di ogni città ma un altro fattore importante è la dimensione dell'immobile da acquistare.

Un investimento profittevole è rappresentato dall'acquisto di case con una grandezza fino a 70 metri quadrati per due precisi motivi :

- la maggior parte delle persone scelgono questo tipo di metratura
- la convenienza economica nei costi di ristrutturazione.

Per ciò che concerne gli oneri da sostenere non si può determinare un parametro unico visto che variano in base ai lavori da effettuare ma sicuramente, una volta acquistato l'immobile, si dovranno apportare le migliorie solamente sulle parti necessarie dal momento che una totale ristrutturazione comporterebbe una spesa troppo elevata.

Sicuramente presentare un immobile con le pareti tinteggiate di un colore chiaro, possibilmente bianco, darà un effetto di maggiore lucentezza e per far aumentare ancora di più il suo valore i sanitari devono essere totalmente nuovi e di media qualità.

Un valore aggiunto è rappresentato dal box doccia e dal suo esiguo costo d'acquisto che si tramuterà in un aumento rilevante del valore dell'immobile.

Inoltre bisogna prestare attenzione agli immobili che si trovano all'ultimo piano perché è importante avere la certezza che il tetto non abbia nessun tipo di problema come ad esempio la presenza di umidità.

Un altro fattore molto importante riguarda l'istallazione dell'impianto elettrico dato che occorre rispettare le norme di legge sulla classificazione energetica e nell'atto notarile verrà riportata questa precisa dicitura.

L'ultimo accorgimento ricade sulla pavimentazione in quanto, se dobbiamo sostituirla totalmente, il costo risulterà molto elevato e quindi sarà conveniente apporre il nuovo pavimento direttamente su quello già esistente; in questo modo andremo a risparmiare non solo molto denaro ma anche tanto tempo che possiamo dedicare, invece, agli altri vani presenti nell'immobile.

Nella ristrutturazione, la scelta della ditta a cui affidare i lavori, diventa un elemento fondamentale visto che rappresenterà un costo cruciale nel momento in cui andremo a rivendere l'immobile.

Soprattutto all'inizio dovremo relazionarci con più ditte per capire quale sia la giusta scelta in termini di qualità e di prezzo.

Per ristrutturare un immobile non abbiamo dei parametri predefiniti ma, secondo la mia esperienza, il valore ottimale che dobbiamo ricercare si aggira intorno ai 250/300 euro per metro quadrato.

Una volta trovata la ditta che effettuerà i lavori nel migliore dei modi e con un prezzo ragionevole, dovremo provare ad instaurare un rapporto duraturo nel tempo perché rappresenterà un partner molto importante.

CAPITOLO 15 :

LA PERMUTA DI TERRENO CON APPARTAMENTO DA COSTRUIRE

Molto spesso capita che il proprietario di un terreno edificabile vorrebbe investire in immobili senza però possedere il capitale necessario.

In questa situazione l'unica soluzione è ricorrere alla permuta ovvero si stipula un contratto tra il proprietario del terreno ed un imprenditore edile avente per oggetto un duplice trasferimento della proprietà; più precisamente, il proprietario del fondo trasferisce la proprietà al costruttore e quest'ultimo si impegnerà a cedere una o più unità immobiliari che verranno costruite sul terreno.

Così facendo, entrambe le parti, non dovranno ricorrere ad un finanziamento ma semplicemente verrà attuata una permuta dei beni; bisogna specificare che la proprietà dell'area edificabile viene trasferita nell'immediato mentre la parte relativa alle unità immobiliari verrà ceduta solamente nel momento in cui, quest'ultime, saranno terminate.

Anche da parte dei costruttori, questa pratica consente loro di effettuare un investimento soprattutto nei momenti in cui la liquidità è limitata e così potranno evitare un esborso di denaro per acquistare il terreno.

Ovviamente, nel contratto di permuta di terreno con appartamento da costruire, dovranno essere riportate in maniera dettagliata tutte le caratteristiche relative alla struttura che verrà edificata, i materiali utilizzati ed un eventuale elaborato degli immobili che saranno realizzati.

L'unico imprevisto da considerare è un ipotetico inadempimento da parte del costruttore edile; per questo motivo la legge tutela il proprietario del terreno da un potenziale rischio di fallimento dell'imprenditore.

Per far fronte a tale inconveniente vi è l'obbligo di ottenere una fideiussione che tuteli il proprietario del fondo per un importo equivalente al valore delle unità immobiliari che dovrà ricevere.

CAPITOLO 16 :

LA MULTIPROPRIETA' IMMOBILIARE

La multiproprietà immobiliare è una forma di acquisto in cui una singola persona può diventare proprietario di una quota di un immobile e nello stesso tempo detiene la facoltà di utilizzarlo in un determinato periodo dell'anno.

La titolarità di multiproprietario viene sancita attraverso un contratto scritto della durata minima di tre anni in cui il venditore trasferisce il diritto reale di usare in modo esclusivo un immobile.

Nel contratto, oltre a tutti gli aspetti previsti dalla legge, vengono definiti i periodi in cui ogni proprietario ha il diritto di godimento esclusivo.

Questa pratica è usata la maggior parte delle volte per gli immobili che si trovano in località turistiche offrendo l'opportunità a più soggetti di poter risiedere e godere di un immobile il cui costo d'acquisto potrebbe non essere alla portata di tutti; in questo modo, condividendo la proprietà con altri individui in diversi periodi dell'anno, si ha un enorme vantaggio in termini di costi e gestione dell'immobile perché, ovviamente, vengono divisi tra i possessori.

Nel contratto sono menzionati anche gli obblighi di tutti i proprietari come, ad esempio, la possibilità di disporre dell'immobile esclusivamente nel periodo ad ognuno assegnato oppure il divieto di apportare modifiche sulla proprietà immobiliare.

Inoltre, per evitare di far gestire a più persone l'immobile, viene nominato un amministratore esterno che ha il compito di provvedere alla completa manutenzione ordinaria.

Per tutelare ancora di più gli eventuali comproprietari è stata introdotta nel 1998 una nuova disciplina della multiproprietà.

Il contratto è sottoscritto alla presenza di un notaio ed all'interno del documento devono essere riportate tutte le informazioni sulla precisa ubicazione dell'immobile, il permesso edilizio rilasciato dall'autorità competente e soprattutto, se l'immobile non è ancora stato terminato, bisogna inserire nel contratto la data della conclusione dei lavori e tutta una serie di garanzie evitando così di incorrere nel mancato usufrutto ed utilizzo da parte dei proprietari.

Inoltre, a carico del venditore che non riveste la forma giuridica di società di capitali oppure con capitale sociale versato non inferiore ad € 5.164.568,99 è previsto l'obbligo di sottoscrivere una fideiussione bancaria o assicurativa per garantire l'ultimazione dei lavori di costruzione dell'immobile ed anche questa condizione deve essere, a pena di nullità, menzionata nel contratto.

Infine, dopo la sottoscrizione dell'accordo, l'acquirente ha la facoltà di recedere, come previsto dalla legge, entro un termine di 14 giorni senza che sia tenuto al pagamento di nessuna penale.

CAPITOLO 17 :

L'USUCAPIONE IMMOBILIARE

L'usucapione rappresenta un modo per acquistare una determinata proprietà di un bene a titolo originario ovvero non viene trasferita attraverso lo scambio tra due persone ma si determina in modo autonomo includendo anche tutti i diritti reali di godimento.

Per poter usucapire una determinata proprietà la condizione necessaria è che siano presenti due requisiti fondamentali: il decorso del tempo ed il possesso continuo e non interrotto.

Per ciò che concerne il primo requisito la proprietà sui beni immobili si acquista in virtù di un possesso continuo per venti anni.

Il secondo requisito, per essere soddisfatto, non solo si rappresenta con il mero godimento del bene ma deve essere effettuato in modo pieno ed esclusivo.

Se queste due caratteristiche non sono soddisfatte pienamente non si può promuovere una causa davanti ad un giudice per rivendicare questo determinato diritto ed inoltre, se colui che detiene l'immobile è stato privato del possesso per oltre un anno, l'usucapione viene interrotta.

Questo genere di acquisto a titolo originario viene promosso molte volte da chi custodisce un immobile appartenente ad un soggetto che, per un qualsiasi motivo, non ha nessun interesse ad effettuare la manutenzione e la cura quotidiana.

Un esempio può essere rappresentato da un terreno di proprietà di una persona emigrata all'estero e che non dispone di nessun familiare che possa dedicare tempo alla cura dell'immobile; se nei vent'anni successivi un individuo anche non designato, apporta delle migliorie comportandosi nello stesso identico modo del proprietario, può procedere intentando una causa legittima di usucapione.

Bisogna ricordarsi che non è sufficiente far trascorrere venti anni cercando di curare l'immobile solamente nei ritagli di tempo utili ma è fondamentale che il possesso sia continuativo ed ininterrotto in tutto questo arco temporale.

CAPITOLO 18 :

LE IMPOSTE DA PAGARE SUGLI IMMOBILI

Gli investimenti immobiliari generano un discreto profitto e possono rappresentare un'ottima base di partenza per raggiungere la libertà finanziaria ma bisogna farsi carico delle relative imposte dirette ed indirette da versare allo Stato.

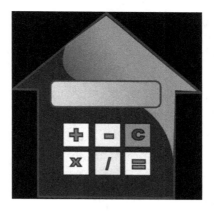

La differenza primaria consiste nel suddividere gli immobili in due distinte categorie ovvero i fabbricati ed i terreni e la corrispondente tassazione deriva non solo dal possesso o dal trasferimento di un immobile ma anche dal reddito che viene percepito da un'eventuale locazione.

Come è stato già accennato nel capitolo 10 relativamente

alla parte in cui vengono evidenziati i criteri per richiedere le agevolazioni prima casa, nell'ipotesi di **trasferimento di immobile** attraverso una compravendita le imposte sono così suddivise:

- **Imposta di Registro** : si tratta di un'imposta indiretta che viene applicata per la registrazione di una compravendita immobiliare; può variare dal 2% al 9% sul valore catastale dell'immobile nei casi in cui l'acquisizione viene effettuata o meno attraverso le agevolazioni per l'acquisto della prima casa.

  Se invece l'immobile si acquisisce direttamente da un'impresa di costruzioni l'importo da versare sarà pari a 200 Euro.

- **Imposta Catastale** : è un'imposta che bisogna pagare ogni volta che viene effettuata una voltura catastale avente per oggetto la cessione di un immobile; la cifra da versare ammonta a 50 Euro sia per l'acquisto attraverso le agevolazioni prima casa sia di un immobile per il quale lo Stato non prevede questo tipo di agevolazione.

  In modo analogo all'imposta di registro, se l'acquisizione verrà effettuata da una società di costruzioni, la somma da corrispondere sarà di 200 Euro.

- **Imposta Ipotecaria** : questo tipo di imposta viene pagata nel momento in cui si trascrive l'atto di compravendita nei registri pubblici immobiliari e più precisamente negli uffici della conservatoria immobiliare.

Gli importi da versare sono esattamente identici all'imposta catastale ovvero 50 Euro se si tratta dell'acquisto di un immobile con o senza agevolazioni prima casa e 200 Euro nel caso in cui l'immobile viene ceduto dall'impresa costruttrice.

Il venditore dell'immobile, invece, deve dichiarare l'eventuale plusvalenza solamente se la compravendita è stata effettuata in un periodo inferiore a cinque anni.

Non è dovuta allo Stato nessun tipo di tassazione nel momento in cui il venditore cede la propria abitazione principale e acquista un altro immobile entro 12 mesi dalla vendita precedente con le medesime caratteristiche.

Un altro tipo di imposta è legata alle **locazioni di immobili**; tutto ciò che viene percepito dal locatario bisogna ovviamente dichiararlo e si può procedere attraverso due modi :

- effettuare il pagamento dell'IRPEF (Imposta sul Reddito delle Persone Fisiche) cumulato con altri eventuali redditi incassati dalla persona; occorre precisare che il pagamento dell'IRPEF non è una quota fissa poiché le aliquote sono proporzionali al reddito dichiarato ed inoltre questa imposta non è dovuta per l'immobile su cui grava già l'IMU (Imposta Municipale Unica).
- scegliere l'opzione della cedolare secca che ricopre il ruolo di un'imposta sostitutiva dell'IRPEF

applicandola esclusivamente alle locazioni immobiliari all'interno delle quali non viene esercitata nessuna attività imprenditoriale.

L'ultimo tipo di tassazione è relativa al **possesso di beni immobili**; in questo caso lo Stato prevede il versamento di due imposte separate ovvero l'IMU (Imposta Municipale Unica) e la TASI (Tassa sui Servizi Indivisibili).

L'IMU è un'imposta dovuta da tutte le persone che sono proprietari di immobili escludendo, però, le abitazioni principali in cui il proprietario e il suo nucleo familiare vivono abitualmente.

Saranno obbligati al pagamento della suddetta imposta coloro che dimorano in abitazioni di lusso e più precisamente accatastate nella categoria A1 che include le dimore signorili, nella categoria A8 corrispondente alle ville ed infine nella categoria A9 che rappresenta i castelli ed i palazzi storici e artistici.

Per calcolare l'IMU si deve prendere in considerazione la rendita catastale, aggiungere una rivalutazione del 5% e moltiplicarla per il coefficiente di 160, se si tratta di abitazioni e pertinenze.

Infine bisogna calcolare l'importo dovuto in base alle aliquote (in millesimi) disposte ogni anno dal proprio comune.

Esempio :

Rendita Catastale : 140
Rivalutazione 5% : 147

Coefficiente di applicazione : 160 x 147 = 23.520
Aliquota IMU : 7,6 ‰ (controllare la delibera comunale)
IMU da versare : 23.520 x 7,6 ‰ = € 178,75

L'importo di € 178,75 si può pagare con il modello F24 versando entro il 16 giugno un acconto del 50% (€ 89,38) e la restante parte di € 89,37 entro il 16 dicembre.

La TASI, invece, è un'imposta che deve essere corrisposta sia dal proprietario che dai locatari degli immobili ad esclusione delle abitazioni principali che non sono catalogate come abitazioni di lusso, incluse le pertinenze; sono soggetti al pagamento anche coloro che detengono altri tipi di immobili come ad esempio uffici o locali commerciali.

Nell'ipotesi in cui un immobile risulta locato la TASI graverà, con un'aliquota richiesta dal comune di residenza, sul proprietario con una percentuale che varia dal 70% al 90% dell'importo e sul locatario che salderà la restante parte ovvero una percentuale variabile dal 10% al 30% dell'importo complessivo.

Le scadenze sono anch'esse, come per l'IMU, il 16 giugno per il versamento dell'acconto del 50% e il 16 dicembre per il pagamento del saldo residuo.

Per calcolare la TASI si prende come riferimento il calcolo dell'IMU sostituendo semplicemente le aliquote disposte dal proprio comune ricordandosi, inoltre, di inserire il coefficiente designato ad ogni tipo di fabbricato.

CONCLUSIONI

In questo libro sono state riportate le strategie che adotto personalmente per effettuare investimenti immobiliari cercando di trarne il massimo profitto.

Per iniziare ad avere successo in questo mercato è necessario adottare la giusta mentalità focalizzandosi sempre sulle soluzioni da trovare senza soffermarsi troppo sugli imprevisti che sicuramente potranno capitare.

Implementando nel miglior modo possibile le tecniche che sono state descritte, sarai in grado di poter valutare qualsiasi tipologia di immobile offrendo all'acquirente il prezzo più equo che ti permetterà di avere un ottimo ritorno sul'investimento iniziale.

Il settore immobiliare è sempre in continua evoluzione ed i cambiamenti delle relative quotazioni sono frequenti e seguono l'andamento del mercato ma con la giusta preparazione e visionando molti immobili diventerai un esperto ed eviterai di sborsare inutilmente del denaro per usufruire dell'aiuto di professionisti del settore.

Non pensare solamente ai guadagni che potrai generare ma concentrati sull'apprendere tutte le regole e le strategie che ti permetteranno di diventare una persona preparata e con una mentalità vincente.

Al tuo successo !

DISCLAIMER

Questo eBook è stato scritto solo per dare informazioni di base. Ogni possibile sforzo è stato fatto per rendere l'eBook il più completo ed accurato possibile.

Tuttavia, ci possono essere errori sia nella tipografia sia nel contenuto. In più, le informazioni contenute in questo libro sono aggiornate alla data di pubblicazione. Quindi va usato come una guida e non come l'unica sorgente di informazioni.

Lo scopo di questo eBook è di educare. L'autore ed editore non garantiscono che le informazioni contenute in questo eBook siano complete e non è ritenuto responsabile per errori ed omissioni.

L'autore e l'editore non avranno alcuna responsabilità nei confronti di qualsiasi persona o entità in relazione a qualsiasi perdita o danno causato direttamente o indirettamente da questo eBook.

INVESTIRE
IN IMMOBILI

la guida pratica per
generare profitti attraverso gli
<u>Investimenti Immobiliari</u>